ए जीवन कान्हा तेरे नाम

भारत सिंह भोई

ISBN 979-888591184-9

व्यक्तित्व" की भी

अपनी वाणी होती है,

जो "कलम"" या "जीभ"

के इस्तेमाल के बिना भी,

लोगों के "अंतर्मन" को

छू जाती है..!!!

जय श्री कृष्ण

श्रीकृष्ण गोविन्द हरे मुरारी,

हे नाथ नारायण वासुदेवाय!!!

* जय श्री राधेकृष्णा *

यूं ही रखना

कृपा का हाथ हम पर....

जिंदगी भर की रखवारी में...

लिख देना हमारा नाम

जीवन की खातेदारी में..... ।।

* जय श्री राधेकृष्णा *

अच्छा वक़्त उसी का होता हैं...

जो किसी का बुरा नहीं सोचते हैं...

ये सृष्टि कहती है ...

मत सोच की तेरा

सपना क्यों पूरा नहीं होता

हिम्मत वालो का इरादा

कभी अधुरा नहीं होता

जिस इंसान के कर्म

अच्छे होते है

उस के जीवन में कभी

अँधेरा नहीं होता

श्रीकृष्ण गोविन्द हरे मुरारी,

हे नाथ नारायण वासुदेवाय!!!

~? राधे राधे?~

??? जय श्री राधेकृष्णा ???*

!!?हे मेरे साँवरे सरकार!!?

!!?!! सिर्फ दो शब्द !! !!?

तुम ही मेरी नाव के माँझी

तुम्हारे हाथ में ही पतवार है

? हे मेरे कन्हैया ??

तेरे ही भरोसे मेरा परिवार है

?? जय श्री राधेकृष्णा ?

दौलत छोडी

दुनिया छोडी

सारा खजाना - छोड दिया

" श्री कृष्ण" दिवानी मीरा ने।

राज घराना - छोड दिया।।

दिल के दरवाजे पर,

जब नाम लिखा " गिरधारी का।।

सच कहती हूँ, आजमा लेना।

मुसीबतों ने आना छोड़ दिया।।

चिन्ता हमें नहीं अपनी.

चिन्ता उन्हें हमारी हैं।

हमारी नाव के रक्षक,

स्वयं कृष्ण मुरारी है।

? जय श्री कृष्णा ??

श्रीकृष्ण गोविन्द हरे मुरारी,

हे नाथ नारायण वासुदेवाय!!!

? राधे राधे ?

?? जय श्री राधे *?

उम्मीदें कभी गलत नही होती....

हम उम्मीद ही गलत लोगों से कर बैठतें हैं.....

? जय श्री राधेकृष्णा ?

'मुस्कान' मानव हृदय की मधुरता को दर्शाती है

और 'शांति' बुद्धि की परिपक्वता को..

और दोनों का ही होना

"मनुष्य की संपूर्णता" को बताता है

इसलिए

"मुस्कुराते हुए शांति के साथ

परिपूर्ण जीवन जीने का आनंद लें "

? *जय श्री राधेकृष्णा *?

कुछ ऐसी खुदाई दे....!!

जिधर देखूँ,,उधर, तू ही दिखाई दे....!!

करदे ऐसी कृपा आज हवा में

कि कान्हा कान्हा पुकारूं.!!

और पूरे संसार को सुनाई ..?

मेरे कान्हा

*जय श्री राधेकृष्ण *

? मेरे गोविद ?

अकेले आये थे, अकेले है जाना

न धन दौलत ,न रूतबा संग जाना

कर्म अपने और भक्ति अपनी साथ जाएगी

हे कान्हा तेरी रहमत ही मेरे काम आएगी ।

क्यों करूँ फरियाद मै जग से

मेरा तो आप से नाता हैं..

मेरी हर मुश्किल में कन्हैया

तु ही तो राह दिखाता है...

?।। जय श्री राधे राधे जी ।।?

शुभ सवेरा खुशियों भरी और कृष्णमय हो

कान्हा....

कहीं नफ़रत देखी कहीं प्यार देखा,

कहीं मतलब से भरा संसार देखा...!

जहाँ पल भर में जीवन सँवर जाए,

ऐसा "कान्हा" मैंने तेरा दरबार देखा.....!!

राधे राधे

? जय श्री कृष्ण ?

हे गोविंद ?

तुझको कुछ अर्पण कर सकूँ,

कहाँ मुझ में ऐसी शक्ति है..।

तेरा नाम पुकारूँ प्यार से,

बस इतनी मेरी भक्ति है कन्हैया !!

?!!?।। जय श्री श्याम ।।!!??

भ्रम हमेशा रिश्तों

को बिखेरता है....जबकि...

प्रेम से अजनबी भी

बंध जाते हैं...

* राधे राधे... *

न जाने क्या मासूमियत है तेरे चेहरे पर...

तेरे सामने आने से ज़्यादा तुझे छुपकर..

देखना अच्छा लगता है ...!!

✳··══❀✳?✳❀══··✳

कोई लफ़्ज़ नहीं...

फिर भी कलम

उठायी है.....✍

बस तुमको यही

जताना था कि

तुम्हारी याद आयी

है.....मेरे कान्हा..?

राधे राधे

?? जय श्री राधेकृष्ण ??

✳··══❀✳?✳❀══··✳

संतुष्ट जीवन सफल जीवन से

सदैव श्रेष्ठ होता है

क्योंकि

सफलता सदैव दूसरों के द्वारा

आंकलित होती है

जबकि संतुष्टि

स्वयं के मन और मस्तिष्क द्वारा

??? हरे कृष्णा???

हरे कृष्ण हरे कृष्ण, कृष्ण कृष्ण हरे हरे ।

हरे राम हरे राम, राम राम हरे हरे ।।

मनुष्य का जीवन कितनी विविधताओं से भरा होता है

जिसमे सुख दुख, आशा निराशा, जय पराजय के अनेकानेक रंग
समाहित होते है....!!

इन रंगो को अपने कर्म की तलिका से विश्वास के काग़ज़ पर

मेहनत से लिखा जा सकता है...!!

श्रीकृष्ण गोविन्द हरे मुरारी,

हे नाथ नारायण वासुदेवाय!!!

~? राधे राधे?~

*जय श्री राधेकृष्णा *

मृत्यु के बाद कि गई कद्र

और मन दुखाने के बाद,

मांगी गई माफी दोनों का

कोई महत्व नहीं होता..!!

✍?कभी कभी कुदरत हमें जान बूझकर मुश्किल हालातों में
डालती है

ताकि आपके रिश्तेदार एवं दोस्तों के चेहरों पर लगे नकाब देख
सके जिन पर हम आंख बंद कर भरोसा करते है

?? जय श्री राधेकृष्णा ??

बड़ा आदमी वही है, जो अपने पास बैठे व्यक्ति को छोटा
महसूस न होने दे! जीवन का वही रिश्ता सच्चा है जो पीठ पीछे
भी सम्मान दे।

जय श्री राधेकृष्णा

गलत व्यक्तियों का "चयन"

हमारे जीवन को "प्रभावित"

करे या न "करे"..!

लेकिन

एक सही व्यक्ति की "उपेक्षा"

हमें जीवन भर "पछताने" पर

"मजबूर" कर सकती है..!!?☺?

" जब तक हम किसी भी काम को करने की कोशिश नही करते
हैं,

जब तक हमें वो काम नामुमकिन ही लगता है "

रेत में गिरी हुई शक्कर

चींटी तो उठा सकती है,

मगर हाथी नहीं,

"इसलिए"

छोटे आदमी को

छोटा ना समझें

कभी कभी छोटा आदमी भी

बड़ा काम कर जाता है.!

पैसा सिर्फ़ लाइफ़स्टायल बदल सकता है

दिमाग़,नहीं

?जय श्री राधे कृष्णा???

अगर आपके पास मन की

शांति और परिवार का साथ है तो.....

समझ लेना आपसे अधिक

भाग्यशाली कोई नहीं है.!!और क़िस्मत नहीं∗

अमूल्य संबंधों की तुलना

कभी धन से न करें।

?? जय श्री राधेकृष्णा??

लोग जब पूछते है कि

आप क्या काम करते है

तो असल में वो हिसाब

लगाते है कि आपको कितनी

इज़्ज़त देनी है

?♂ जय श्री कृष्णा ?♂

श्रीकृष्ण गोविन्द हरे मुरारी,

हे नाथ नारायण वासुदेवाय!!!

☞? राधे राधे?☜

??? जय श्री राधेकृष्णा???*

अपनो के लिए चिंता

हृदय में होती है,शब्दो मे नही

और अपनों के लिए गुस्सा

शब्दो मे होता है, हृदय में नही

बस यही अटुट प्रेम की

परिभाषा है।

श्रीकृष्ण गोविन्द हरे मुरारी,

हे नाथ नारायण वासुदेवाय!!!

☞? राधे राधे?☜

* जय श्री राधेकृष्णा *

ऐसी कौन सी घड़ी है, जो उसने मुझे संभाला नहीं,

वृंदावन दूर हो सकता है, वृंदावन वाला नहीं।।

?? श्री कृष्ण प्रिय श्री राधे ??

शरीर सुंदर हो या ना हो

पर शब्दों को

जरूर सुंदर रखिये !

क्योंकि

लोग चेहरे भूल जाते हैं

पर शब्दों को नहीं भूलते !!

? श्री कृष्णाय समर्पणं ?

•? जय श्रीकृष्ण ?•

सदैव प्रथम स्थान पर रहे

"मुस्कुराने" में

"सहयोग" करने में

"प्रसंशा" करने में☺?

"क्षमा" करने में?

?? जय श्री राधेकृष्णा ??

पाने को ही प्रेम कहे,

जग की ये है रीत,

प्रेम का सही अर्थ समझायेगी

राधा-कृष्णा की प्रीत।

?? जय श्री राधेकृष्णा ??

"अहंकार"

से भरा "व्यक्ति"

दूसरों को "झुका" कर

"प्रसन्न" होता है,

जबकि

"संस्कार" से भरा "व्यक्ति"

स्वयं "झुक" कर

दूसरों को "सम्मान" देने में

ही खुश होता है।

?? जय श्री राधेकृष्णा ?? *

धागो से मोतीयो को तोडा नहीं करते, धर्म से मुँह कभी मोड़ा नहीं करते ,

बहुत कीमती है नाम श्री राधेकृष्ण का , जय श्री राधेकृष्ण बोलना कभी छोड़ा नहीं करते।।

? जय श्री राधेकृष्णा ?

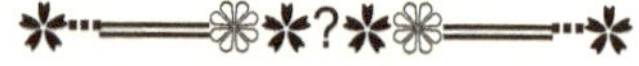

जिंदगी में दो लोगों का होना बहुत जरूरी है,

एक कृष्ण जो ना लड़े फिर भी जीत पक्की कर दे,

दूसरा कर्ण जो हार सामने हो फिर भी साथ ना छोड़े।

श्रीकृष्ण गोविन्द हरे मुरारी,

हे नाथ नारायण वासुदेवाय!!!

? राधे राधे?

??? जय श्री राधेकृष्णा *???

धर्म का प्रवेश पहले काया में फिर वचन में और अन्त में मन में होता है,

जब कि

पाप का प्रवेश प्रथम मन में, फिर वचन में और अन्त में काया में होता है ।

।।श्रीकृष्ण।।

श्रीकृष्ण गोविन्द हरे मुरारी,

हे नाथ नारायण वासुदेवाय!!!

?राधे राधे राधे राधे राधे राधे?

??श्रीकृष्ण??

जीवन में कष्ट सहने का अभ्यास ही सफलता का सूत्र है।

ताले में कोई न कोई चाबी लग ही जायेगी गुच्छे की,

बस धैर्य, सयंम और जज़्बा बनाये रखो।

दिशा, रफ्तार से ज्यादा महत्वपुर्ण है।

*❣??!! राधे राधे !!?❣

"व्यक्तित्व" की भी

अपनी वाणी होती है,

जो "कलम'" या "जीभ"

के इस्तेमाल के बिना भी,

लोगों के "अंतर्मन" को

छू जाती है..!!!

जय श्री कृष्ण

श्रीकृष्ण गोविन्द हरे मुरारी,

हे नाथ नारायण वासुदेवाय!!!

۔؟ श्राधे श्राधे؟ ؞

?? जय श्री राधेकृष्णा ???∗

जिसका देह और मन शुद्ध न हो उसका मंदिर में जा कर पूजा करना व्यर्थ है !

मेरा तो यह मानना है अधिकार सामर्थ्य को मिलना उचित है और सम्मान मनुष्य के लिए स्वयं जो व्यक्ति दूसरों का सम्मान करने में असमर्थ होता है उसका सम्मान स्वयं सृष्टि भी नहीं करती !

दया धर्म नहीं तन और मन में

हे मूर्ख प्राणी क्या मुखड़ा देख रहा दर्पण में

मैं दोस्त को धोखा और लड़की को मौका कभी नहीं देता

क्योंकि मेरे रोम रोम में बसे हैं कान्हा जी और उन्हें छोड़ने का मौका कभी नहीं खोता !

मेरे कान्हा ने एक ही बात बताई है इस कलयुग में किसी की बुराई नहीं करना क्योंकि जिस की बुराई करते हैं वही हमारे लिए कुआं और खाई खोदते हैं !

यह जीवन कान्हा तेरे नाम करते हैं

तेरे सिवा कोई और याद ना आए बस यही दुआ करते हैं !

तेरी भक्ति में खो जाए जैसे खो गई मीरा

लोग आपसे मुकाबला नहीं कर सकते तब आपकी बुराई शुरू करते हैं लेकिन मेरे कान्हा की कृपा से वह बुराई भी अमृत बन जाती है जब आपकी कृपा मुझ पर होती है ,

" जय हो कान्हा तेरी "

किसी गाँव में बांकेलाल नाम का एक शातिर दिमाग आदमी रहता था. उसकी आर्थिक स्थिति बहुत अच्छी नहीं थी क्योंकि उसके पास बहुत थोड़ी जमीन थी जिसमें बमुश्किल खाने लायक ही पैदा हो पाता था. किन्तु बचपन में उसके पिता उसे बताया करते थे कि हम लोग बहुत ऊंचे खानदान से हैं, हमारे पुरखे कभी अमुक इलाके के सामंत हुआ करते थे. बस, तभी से वह हमेशा अकड़कर चलता था और अपने को उसी सामंती खानदान का वारिस समझकर झूठी शान दिखाया करता था.

जेबखर्च निकालने के लिए वह अक्सर लोगों से ठगी करने के नए नए तरीके सोचता रहता और उन्हें आजमाता रहता. एक बार वह गाँव के एक सेठ के पास पहुंचा और बोला - "सेठजी, आप दिन भर दुकान पर ही बैठे रहते हैं, इस तरह तो आपका स्वास्थ्य खराब हो जाएगा. कभी दुकान छोड़कर इधरउधर खुली हवा में घूमने भी जाया कीजिये. चलिए आज मेरे साथ, मैं खेतों की ओर जा रहा हूँ, आपको भी घुमा लाऊँगा."

उस समय दुकान पर कोई ग्राहक न था, इसलिए सेठ ने दुकान नौकर के हवाले की और बांकेलाल के साथ खेतों की ओर चल दिया. थोड़ी दूर चलने पर खेत दिखाई देने लगे. एक खेत में बाजरे की फसल लगी हुई थी. उसे देखकर बांकेलाल सेठ से बोला - "देखिये सेठजी, इस खेत में इस साल कितना अच्छा गन्ना उगा है !"

सेठ बोला, "ये गन्ना नहीं बाजरे की फसल है."

बांकेलाल सेठजी की ओर परिहासपूर्ण दृष्टि डालते हुए बोला, "सेठजी, किसान मैं हूँ कि आप ? क्या आप फसलों के बारे में मुझसे ज्यादा जानते हैं? ये गन्ने की ही फसल है."

सेठ भले खेती नहीं करता था किन्तु इतना अनभिज्ञ नहीं था कि बाजरा और गन्ने में अंतर न जानता हो. वह दृढ स्वर में बोला, "भले आप खेती करते हैं बांकेलालजी, मैं नहीं करता हूँ, किन्तु इतना भलीभांति जानता हूँ कि ये बाजरा ही है."

अब तो बांकेलाल को ताव आ गया. बोला, "लगाते हो शर्त ? मैं कहता हूँ ये गन्ना है..."

सेठ भी जोश में बोला, "तुम्हारी जैसी मर्जी हो वैसी शर्त लगा लो, ये गन्ना नहीं बाजरा ही है ..."

बांकेलाल तो इसी मौके की तलाश में था, बोला - "ठीक है तो फिर लग गई शर्त .... अगर ये गन्ना निकला तो मैं तुम्हारा सिर काट लूँगा और अगर ये बाजरा निकला तो तुम मेरा सिर काट लेना सेठ जानता था कि खेत में बाजरा ही है इसलिए बांकेलाल की अजीब शर्त सुनकर भी निर्भीक स्वर में बोला, "ठीक है, लग गई शर्त !"

इसके बाद दोनों वापस लौट आये और अपने - अपने घरों को चले गए.

करीब एक - डेढ़ महीने बाद बाजरे के पौधों में बाली निकलने लगी और उसमें बाजरे के दाने पड़ने लगे. तब एक दिन हाथ में एक बाली तोड़कर लिए हुए बांकेलाल सेठ की दुकान पर पहुंचा और बोला, "सेठ जी, आप शर्त जीत गए.... उस खेत में सचमुच बाजरा ही था जबकि मैं उसे गन्ना समझ रहा था."

सेठ विजयी भाव से मुस्कुराते हुए बोला, "किसान होकर भी आप इतना नहीं समझ पाए कि वह बाजरा है जबकि मैं दूकानदार होकर भी पहचान गया !"

बांकेलाल बोला, "आप ठीक कहते हैं, सचमुच मुझसे पहचानने में गलती हो गई. लेकिन आप शर्त जीत गए इसलिए लीजिये काटिए मेरा सिर."

सेठ बांकेलाल की बात को मजाक समझकर हंसकर रह गया किन्तु बांकेलाल फिर से बोला, "हँस क्या रहे हैं सेठजी, चलिए मेरा सिर काटिए !" सेठ फिर भी हँसता हुआ बोला, "अरे वह तो हंसी-मजाक ...."

"मैं किसी के साथ हंसी-मजाक नहीं करता ...," बांकेलाल सेठ की बात काटकर, सहसा तेवर बदलता हुआ, कठोर स्वर में बोला, "आप शर्त जीत गए हैं तो अब आपको मेरा सिर काटना ही पड़ेगा ... क्या आप जानते नहीं मैं किस खानदान से हूँ ? हमारे खानदान में अगर जबान से कोई बात कह दी तो उसे पूरा किये बिना नहीं छोड़ते, चाहे कुछ भी हो जाए !"

अब तो सेठ के चेहरे का रंग उड़ने लगा, क्योंकि बांकेलाल का चेहरा देखकर लग रहा था कि वह अपनी बात को लेकर गंभीर है.

"अरे भाई....हहह..... ऐसी छोटी-मोटी बातों पर कहीं सिर काटे जाते हैं ...हहह... ," सेठ फीकी हंसी हँसते हुए बात को टालने की गरज से बोला.

"ये छोटी मोटी बात नहीं है ... हमारे बीच सिर काटने या कटवाने की ही शर्त लगी थी ... अगर मैं जीत जाता तो अभी आपका सिर काटकर ले जाता, उसी तरह अब मैं हार गया हूँ

तो कटवाकर ही जाऊँगा. चलिए, जल्दी कीजिये." बांकेलाल जोर जोर से चिल्लाता हुआ बोला.

अब सेठ को समझ में आया कि उसने मुसीबत मोल ले ली है. यह बला आसानी से टलने वाली नहीं. वह भी अड़कर बैठ गया, "मैं नहीं काटूँगा सिर, मुझे नहीं काटना ..."

"क्यों नहीं काटोगे ? शर्त जीते हो तो काटना तो पड़ेगा ..."

"नहीं काटूँगा ..."

"काटना पड़ेगा ..."

इस तरह होते-होते दोनों में विवाद होने लगा तो वहाँ तमाशा देख रहे लोगों ने सलाह दी कि सरपंच के पास जाओ, वही फैसला करेंगे.

दोनों सरपंच के पास पहुंचे. सरपंच ने पूरा मामला सुना और बोला - "पूरा मामला सुनने के बाद हमें यह समझ में आया है कि शर्त हारने के बाद बांकेलाल के सिर पर अब सेठजी का अधिकार है. वह अब सेठजी की संपत्ति है. क्यों ठीक है न बांकेलाल ?"

"जी ठीक है, सरपंचजी," बांकेलाल बोला.

"तो फिर ये सेठ की मर्जी है कि वह उसे कब काटते हैं ... आज काटते हैं या फिर आगे जब उनकी मर्जी हो तब." सरपंच ने फैसला दिया.

यह सुनकर सेठजी तो संतुष्ट हो गए लेकिन बांकेलाल की शातिर बुद्धि ने एक और उलझन पैदा कर दी. "चूंकि मेरा सिर अब सेठ की संपत्ति हो चुका है इसलिए मैं इसे अपने शरीर पर मुफ्त में नहीं ढो सकता... सेठ को मुझे इसको अपने ऊपर रखने का किराया देना होगा !" बांकेलाल बोला. सेठ किसी भी तरह इस झंझट से मुक्ति चाहता था. उसने किराया देने के लिए तुरंत हामी भर दी. दो हजार रुपये महीने पर बात पक्की हो गई.

इसके बाद हर महीने बांकेलाल सेठ की दुकान पर आता और दो हजार रुपये ले जाता. यह कार्यक्रम करीब छः महीने चलता रहा. इसके बाद सेठ का बड़ा लड़का जो व्यापार के लिए परदेश गया हुआ था, लौटकर घर आया.

एक बार सेठ का लड़का भी दुकान पर बैठा हुआ था, तभी बांकेलाल अपना किराया अर्थात दो हजार रुपये लेने आया. सेठ ने चुपचाप उसे रुपये दिए और वह लेकर चला गया. उसके जाने के बाद लड़के ने पूछा - "पिताजी, इन्हें आपने दो हजार रुपये किस बात के दिए ? क्या आपने इन्हें अपने यहाँ कोई नौकरी दे दी है ?"

सेठजी ने शर्त में सिर काटने वाली पूरी कहानी लड़के को कह सुनाई. लड़का समझ गया कि बांकेलाल ने उसके पिता को जाल में फांस कर रुपये एंठने की तरकीब लगाई है जिसमें वह सफल हो गया है.

लड़के ने सेठजी से कहा - "पिताजी, आप कल सुबह बांकेलाल को यहाँ बुलाइए."

सेठजी ने अगले दिन सुबह-सुबह बुलावा भेजकर बांकेलाल को दुकान पर बुलवा लिया. लड़का भी वहीं मौजूद था और साथ ही मौजूद था एक नाई, जिसे लड़के ने बुलाया था. वह एक ओर बैठा अपना उस्तरा तेज कर रहा था.

बांकेलाल के आते ही लड़का बोला, "बांकेलाल जी, क्या ये सच है कि आपका सिर हमारी संपत्ति है ?"

बांकेलाल के 'हाँ' कहते ही लड़का बोला, "तो फिर जरा इधर नाई के सामने जाकर बैठिये ?"

"क्यों ?" बांकेलाल ने पूछा.

"आपकी आधी मूँछ काटनी है. उसे नमूने के तौर पर तुर्किस्तान भेजना है. आजकल वहाँ मूंछों के बालों की बड़ी मांग है. अगर उन्हें पसंद आई तो बाद में बाक़ी की आधी भी भिजवा देंगे." लड़के ने कहा. "तेरा दिमाग खराब हो गया है क्या .... ?" बांकेलाल गुस्से में बोला, "मेरी आधी मूँछ काटने की बात सोचने की तेरी हिम्मत कैसे हुई ? जानता भी है, ये मूँछ हमारी खानदानी शान है. "

लड़का शांत स्वर में बोला - "ऊंचे स्वर में मत बोलिए बांकेलाल जी. अब आपका सिर, आपका नहीं है. वह हमारी संपत्ति है. उस पर उगे बाल और मूंछें, आँखें, नाक, कान सब हमारा है.

फिलहाल मूंछों की ही जरूरत है इसलिए मूंछे ही काट रहे हैं. चुपचाप कटवा लीजिये."

आसपास खड़े अन्य लोगों ने भी लड़के की बात का समर्थन किया. यह देखते ही बांकेलाल के चेहरे पर हवाइयां उड़ने लगीं. वह सोचने लगा, आधी मूँछ कटवाने से फिलहाल तो वह गाँव भर में उपहास का पात्र ही बनेगा, लेकिन भविष्य में यह लड़का नाक, कान कटवाकर, आँखें निकलवा कर मेरी दुर्गति भी कर सकता है.

बस, यह ख़याल दिमाग में आते ही वह हिरन की तरह वहाँ से सरपट भागा .... ऐसा भागा .... ऐसा भागा .... कि फिर अगले तीन चार महीनों तक गाँव में नजर नहीं आया. बाद में सरपंच ने किसी तरह उसे खोज खाज कर उसकी सेठ से सुलह करा दी, और जो पैसे उसने ऐंठे थे वे सेठ को वापस करा दिए, तब कहीं जाकर वह गाँव में रहने आ पाया. !

ऐसी है मेरे कान्हा की माया

" जिसकी गति और मति सत्य की हो उसका रथ अभी भी भगवान श्री कृष्ण चलाते हैं "

यह कहानी सच्ची है या काल्पनिक यह मुझे पता नहीं है लेकिन किसी महान संत के द्वारा सुनी गई थी जिसमें एक भक्त और भगवान के बीच बंधी हुई विश्वास की डोरी

किसी गांव में एक अम्मा रहती थी उसका कोई भी अपना नहीं था जिससे अपने सुख दुख बांट सके लेकिन एक छोटी सी पीतल की एक मूर्ति थी उसी मूर्ति को अपने बेटी की तरह लाड प्यार और उससे मन ही मन बातें करती थी कुछ समय बीत जाने के बाद यमराज जी उस अम्मा को लेने के लिए आए .

तब अम्मा बोलती है अरे यमराज जी आपके साथ तो मैं चली जाऊंगी लेकिन जो मेरा एक बेटा है उसकी देखरेख कौन करेगा यमराज जी बड़े ताज्जुब से उस अम्मा से पूछते हैं अरे अम्मा हम यम हैं हमसे कुछ भी छिपा नहीं है फिर क्यों झूठ बोल रही है कि तुम्हारा एक बेटा है अम्मा बोलती है नहीं मेरा एक बेटा है और आप मुझे अपने साथ ले जाओगे तो उसका ख्याल कौन रखेगा यमराज बोलते हैं अरे अम्मा कहां है तेरा बेटा तब अम्मा बोलती हैं वह देखो एक मूर्ति की तरफ इशारा करते हुए बोलती है तब यमराज बोलते हैं ओ प्यारी अम्मा वह तो एक मूर्ति है उसमें कहां जान है वह तो निर्जीव है तब अम्मा बोलती है ,

पागल तुझे किसने यमराज बनाया तू देखता नहीं है उसके अंदर कृष्ण मुरारी निवास करते हैं यमराज बोलते हैं अरे अम्मा तुझे शायद गलतफहमी हो गई है इस मूर्ति में कृष्ण मुरारी नहीं है तेरी भक्ति में इतनी शक्ति नहीं है साक्षात भगवान तेरी कुटिया में निवास करें तब अम्मा बोलती है अरे पगला जरा देख तो सही अगर मैं झूठ बोल रही हूं तो तेरे हिसाब से जो सजा देना है दे सकता है

यमराज बोल - अम्मा पलट मत जाना अम्मा बोलती है बेटा एक बार देख तो ले यमराज जी जैसे ही उस मूर्ति के पास जाते हैं और क्या देखते हैं और देखते ही रहते हैं उस मूर्ति के अंदर साक्षात श्री हरि के दर्शन यमराज जी को होते हैं यमराज जी दर्शन कर के धन हो जाते हैं और अम्मा से बोलते हैं धन्य हैं तेरी भक्ति !

इसलिए कहा जाता है भक्ति में शक्ति होती है और भगवान सिर्फ भाव के भूखे होते हैं उन्हें तो वह भक्त पसंद होते हैं जो बिना स्वार्थ के भक्ति करते हैं ,

बच्चे भी भगवान की तरह होते हैं जो भेदभाव से परे होते हैं इसलिए कहा जाता है बच्चों में भगवान निवास करते हैं उनकी की राहों में कांटे भी फूल बन जाते हैं,

" ऐसी है भगवान की लीला इसलिए तो कहते हैं हरे कृष्ण मुरारी मिल जाए कुंवारी उसको देखकर हमने जो आंख मारी पट जाए तो हमारी वरना फिर से लेंगे नाम कृष्ण मुरारी "

" चार वेद छह शास्त्र 18 पुराण जिनमें से निकली दो ही बातें यदि किसी को सुख दोगे तो सुख मिलेगा और दुख दोगे तो दुख ही मिलेगा "

हे माधव हमको भी इस भवसागर से पार लगा देना

जैसे लगा दिए अर्जुन मीरा को और लगा दिए संत रविदास को

भक्ति

कहते हैं भक्ति में शक्ति होती है संत रविदास बड़े ही सरल और सहज स्वभाव के संत थे उनके घर पर जो भी संत महात्मा आता था उनका भक्ति भाव से स्वागत करते थे वह गरीबी में संत महात्माओं और भगवान की सेवा करने से नहीं चूकते थे वह जब भी समय मिलता था सत्संग जरूर करते थे एक सत्संग का समय था और संत रविदास जी सत्संग करके घर जा रहे थे तब भगवान श्रीकृष्ण साधु महात्मा का रूप धारण करके उनके घर पर जाते हैं संत रविदास जी उनका स्वागत साधु महात्माओं की तरह किया ,

जल ग्रहण कराया तथा भोजन करने का आग्रह किया तब भगवान श्रीकृष्ण मुस्कुराए और संत रविदास जी से कहा हम भोजन करके ही जाएंगे उधर उनकी पत्नी यह सब सुन लेती है और अपने स्वामी को अंदर बुलाती है और सारा वृतांत अपने स्वामी संत रवि दास जी को सुनाती है कहती है आपने भोजन का तो बोल दिया महात्मा जी को लेकिन हम उनको खिलाएंगे क्या ?

हमारे पास तो खाने के लिए कुछ भी नहीं है तब संत रविदास जी बोलते हैं अपनी प्राण प्रिय से क्यों इतनी चिंता करती हो यदि उस कृष्ण मुरारी ने हमारे लिए साधु-संतों की सेवा का अवसर प्रदान किया है तो भोजन की व्यवस्था भी वह स्वयं करेंगे इतना सुनकर संत रवि दास जी की अर्धांगिनी हंसने लगती हैं और कहती हैं आपके प्रभु ने आपको इतना सरल भाव क्यों दिया है ,

इस गरीबी में भी भक्ति भाव का रस के अलावा धन दौलत दिया होता तो हम और साधु संतों की अच्छे से भोजन की व्यवस्था कर सकते थे तब संत रविदास जी अपनी पत्नी से कहते हैं .

हे प्रिय यदि अपने भगवान पर भरोसा करते हो तो भगवान अपने भक्तों की लाज हमेशा रखते हैं और यदि तुम मेरी भक्ति देखना चाहती हो या मेरे भगवान को आजमाना चाहते हो तो कभी भी आजमा लेना मेरे भगवान मेरी लाज हमेशा रखेंगे इतना सुनते ही संत रविदास जी की पत्नी आग बबूला हो जाती हैं और अपने पति से नाराज होकर अपने पड़ोस में बैठने के लिए चली जाती हैं इधर संत रविदास जी साधु महात्मा बने भगवान श्री कृष्ण के साथ भक्ति भाव के प्रवचन सुनते हैं और इतने मग्न हो जाते हैं उन प्रवचन को सुनते-सुनते और उन्हें यह ध्यान ही नहीं रहता कि उनकी पत्नी पड़ोस में नाराज होकर बैठने के लिए चली गई हैं .

कुछ समय पश्चात और साधु महात्मा आ जाते हैं और सत्संग चलने लगता है संत रविदास जी कहते हैं आप यही पर रुकना आप सभी को भोजन ग्रहण करके जाना होगा संत रविदास जी तो यह समझ रहे थे की अर्धांगिनी पड़ोसी से कुछ भोजन प्रसादी का सामान लेकर इन साधु महात्माओं को भोजन बना रही है उधर उनकी पत्नी पड़ोस में बैठी बैठी अपना दुखड़ा अपने पड़ोसी को सुनाती है काफी समय हो जाने के बाद साधु महात्मा बोलते हैं अरे संत रविदास जी कितना समय हो गया है कुछ तो भोजन पक गया होगा हमारे लिए खिला दो बड़ी जोर

की भूख लगी है !

संत रविदास जी बोलते हैं हां क्यों नहीं अभी लेकर आते हैं कुछ ना कुछ पक गया होगा इतना सुनते ही भगवान श्री कृष्ण अचरज में पड़ जाते हैं और बोलते हैं अरे संत रविदास जी आपकी पत्नी तो अब भी पड़ोस से लौटकर नहीं आई है फिर खाना किसने बनाया होगा अब संत रविदास जी बोलते हैं अरे नहीं मुझे अपनी पत्नी और अपने भगवान पर उतना ही भरोसा है जितना कि मुझे साधु और संतों की सेवा करने से जो लाभ और पुण्य मिलता है,

इतना सुनते ही भगवान श्रीकृष्ण बोलते हैं अरे रुकमणी आज मेरे भक्तों की लाज बचाना है तुम शीघ्र चलो मेरे भक्तों के यहां खाना बनाना है और साधु महात्माओं को भोजन प्रसादी भी खिलानी है इतना सुनते ही रुकमणी बोलती हैं आप के भक्त हैं आप ही बना कर खिला दो तब भगवान श्रीकृष्ण मुस्कुरा कर कहते हैं हे प्रिय यह मेरे ही भक्त हैं मुझे तो अपने भक्तों की लाज रखनी होगी और भगवान श्री कृष्ण स्वयं खाना बनाने लगते हैं और दूसरे रूप में साधु संतों के साथ भक्ति और भाव की बातें करते हैं इधर संत रविदास जी बोलते हैं शायद खाना बन गया है क्योंकि खाने की खुशबू अब सभी साधु महात्माओं को आने लगी थी और वह खुशबू खाने की पड़ोस में बैठी उनकी पत्नी तक पहुंची तब पड़ोसन बोलती है अरे सखी आपके घर से तो बड़े स्वादिष्ट व्यंजनों की खुशबू आ रही है और आप कह रही थी मेरे घर में इन साधु महात्माओं को खिलाने के लिए कुछ भी नहीं है इतना सुनते ही संत रविदास जी की पत्नी उठ

कर अपने घर की ओर चली जाती हैं ,

उधर संत रवि दास जी अन्दर जाते हैं और देख कर अचरज में पड़ जाते हैं वह देखते हैं इतना स्वादिष्ट भोजन बना है लेकिन उन्हें कोई दिखता नहीं है तभी उनकी पत्नी आ जाती हैं और कहती हैं इतना स्वादिष्ट व्यंजन कहां से लेकर आए हो तब संत रविदास जी बोलते हैं अरे पागल इतना स्वादिष्ट व्यंजन मेरे प्रभु के अलावा और कौन बना सकता है अरे मैं कितना दुष्ट हूं जो मैंने अपने प्रभु को इतना कष्ट दिया इतना सुनते ही उनकी पत्नी रोने लगती है और भाव विभोर होकर अपने स्वामी से कहती है हे प्राण प्रिय और मुझे लज्जित ना कीजिए अब मैं जान गई हूं की स्वयं आप कि लाज बचाने के लिए भगवान यहां पर आए हुए थे !

भोजन बनाने के लिए आए थे और मैं इतनी आभागी हूं तभी एक संत की आवाज आती है अरे भाई भोजन लेकर आओ बड़ी जोर की भूख लगी और फिर संत रविदास जी भोजन लेकर जाते हैं और सभी संत महात्माओं को भोजन कराते हैं उनमें से महात्मा बोलता है मुझे ऐसा क्यों प्रतीत हो रहा है यह भोजन स्वयं साक्षात परमात्मा बना कर गए हैं ,

तब संत रविदास जी हाथ जोड़कर बोलते हैं हे महात्मा आपने सत्य ही कहा यह भोजन स्वयं कृष्ण मुरारी बनाकर गए हैं हमारे घर पर तो खाने के लिए कुछ भी नहीं था इतना सुनते ही वह महात्मा हाथ जोड़कर कहता है धन्य है तेरी भक्ति हम बरसों से यह प्रतीक्षा कर रहे हैं कि उस मुरारी के दर्शन हो जाए

लेकिन आप की भक्ति देखकर हमें ऐसा लग रहा है कि हमसे बड़े भक्त आप हो आप की लाज बचाने के लिए स्वयं भगवान को भोजन बनाना पड़ा धन्य है तेरी भक्ति !

इसके बाद संत रविदास जी बोलते हैं यह सब आप सभी की कृपा दृष्टि का ही फल है

इसके बाद साधु महात्मा बने कृष्ण मुरारी बोलते हैं हे संत रविदास जी यह आपके ही पुण्य कर्मों का फल है जो आपके घर कृष्ण मुरारी भोजन बनाने के लिए आए है और हमारे पुण्य कर्म ऐसे कहां है तब संत रविदास जी हाथ जोड़कर बोलते हैं नहीं मैं तो एक तुच्छ भक्त हूं अरे भक्त तो आप हैं जो हर पल उस प्रभु का नाम जपने का सौभाग्य प्राप्त हुआ ऐसा सौभाग्य मेरा कहां है !

मैं बेवफा नहीं हूं जो किसी और से मोहब्बत करूं मैं तो भक्त हूं उस कृष्ण मुरारी का जो उससे ही मोहब्बत करूंगा "

" पहचान बड़े लोगों के साथ नहीं साथ देने वालों के साथ होनी चाहिए

और मेरा साथ हमेशा कृष्ण मुरारी देता है और आपका "

" हे कृष्ण मुरारी सुन ले हमारी हम हैं भिकारी जो आए हैं तेरे दरबार मे विनती करने सुन ले हमारी हम हैं भिकारी

"

राधा मेरी मात हैं,

पिता मेरे घनश्याम।

इन दोनों के चरणों में,

कोटि-कोटि प्रणाम।।

?? राधे राधे ??

श्रीकृष्ण गोविन्द हरे मुरारी,

हे नाथ नारायण वासुदेवाय!!!

भक्ति का मार्ग

किसी ग्राम में कुलेंडी नाम का एक भोईराज रहता था वह अपने बाल बच्चों का पालन पोषण करने के लिए प्रतिदिन नदी से मछलियां पकड़ने का काम करता था और यही उसकी यही दिनचर्या थी मछलियों को पकड़ता उन्हें बेचता और बिकने पर अपने बच्चों के लिए खाने पीने की सामग्री लेकर आता 1 दिन की बात है,

जब वह मछली पकड़ने के लिए अपनी नाव पर बैठा ही था तभी एक संत जी ने आवाज लगाई और संत बोलो अरे भाई हमे आपकी नाव से हमारे लिए उस पार उतार दो तब कुलेंडी साधु महात्मा कि बात सुनके नदी के किनारे पर आया और कूलेंडी बोला देखो गुरूजी उतार तो देगे आपको मगर मेरी नाव

में मछली रखी हुई है इस समय उन मछलियों को देख कर घृणा मत करना हम से,

साधु महात्मा बोले अरे भाई हम आप से घृणा क्यों करे इसके बाद उस कूलेंडी ने उस महात्मा को आपनी नाव में बैठाया

जैसे ही नाव बीच नदी में पहुंचती है तब महात्मा बोलते हैं एक बात बताओ भोईराज इतनी जीव हत्या करते हो उसका पाप तुम्हारे सिर चढ़कर बोलता होगा

तब कुलेंडी बोलता है देखो महात्मा जी फालतू की बात मत करो वरना हम इसी नदी में तुमहे नाव सहित पलट देंगे ,

महात्मा बोलते हैं अरे भाई राज तूने इतने पाप किए हैं वह तेरे सर पर चढ़कर बोल रहा है और कितने पाप करेगा तो तुझे स्वर्ग में जगह नहीं मिलेगी

फिर कूलेंडी बोलता है तो महात्मा जी अब आप ही बता दो स्वर्ग में जगह कैसे मिलेगी महात्मा जी बोलते हैं मछली मारना छोड़ दे हमेशा सत्य बोल तुझे स्वर्ग में जगह मिलेगी इसके बाद कूलेंडी बोलता है महात्मा जी फिर मेरे बच्चों का भरण पोषण कैसे होगा महात्मा बोलते हैं अरे बालक उस परमात्मा ने हर व्यक्ति को बनाया है तो भरण पोषण भी वही परमात्मा करेगा कूलेंडी कुछ देर मन में सोचता है और अपने सर को खुजाता जाता है फिर बोलता है महात्मा जी अगर ऐसा है आपको भूख तो लगती होगी महात्मा बोलते हां लगती है !

अभी लगी है क्या ? कुलेंडी बोलता है

महात्मा बोलते हैं हां बड़े जोर की भूख लगी है

फिर कुलेंडी बोलता है महात्मा जी आप मेरे साथ इस नाव में सारे दिन रहो मैं देखता हूं परमात्मा कैसे तुम भोजन देता है?

महात्मा बड़े चिंतित हो गए यह सुनकर फिर महात्मा बोले अरे भाई भगवान भी ऐसे नहीं देता है उसके लिए कर्म करना पड़ता है अब क्या था ?

कुलेंडी तो महात्मा जी के हाथ धो के पड़ गए पीछे कुलेंडी बोलता है नहीं महात्मा मैं नहीं मानता आपने बोला है परमात्मा सबको भोजन देता आपको भी देगा मुझे वही तो देखना है महात्मा जी बोलते हैं अरे भाई भोजन तब मिलेगा मेरे लिए जब मैं इस नाव से उतरकर अपने भक्तों के यहां जाऊंगा

कुलेंडी यह बात सुनकर फिर बोलता है आपके भक्त कहां है साधु हंसकर बोलते हैं अरे नादान मेरे भक्त तो इस संसार में कई लोग हैं उनमें से कुछ मेरी भक्ति करते हैं और कुछ बुराई कुलेंडी फिर बोलता है आपके भक्त आपकी बुराई क्यों करते हैं तब महात्मा बोलते हैं जिस तरह से कुछ लोगों को सही रास्ता बताता हूं वह हमेशा मेरी बुराई करते हैं जैसे कि मैं आपको बता रहा हूं की जीव हत्या करके तुम पाप के भागी हो रहे हो और तुम्हें स्वर्ग में जगह नहीं मिलेगी

इतना सुनते ही कुलेंडी बोलता है - महात्मा जी फालतू की बात मत करो वरना ज नदिया में डूबो दे तुम्हे हम महात्मा बोलते हैं अरे मूर्ख अपशब्द बोलकर हमारा अपमान कर रहा है !

मैं तुझे श्राप दे दूंगा यदि अब और मेरा अपमान किया तो

फिर कुलेंडी बोलता है रुको महाराज

महात्मा बोलते हैं डर लग गया देखा मेरी शक्ति का कमाल कुलेंडी बोलता है अरे नहीं महात्मा जी मुझे बोतल ढूंढ लेने दो उसी में तो शराब ले लूंगा पीने के काम आएगी मुझे

कलारी से नहीं लेनी पड़ेगी महात्मा हंसकर बोलते हैं अरे पगला तू बड़ा भोला है इसके बाद महात्मा जी बोलते हैं मुझे नदी से पार लगा दे भाई मैं तुझे कुछ देखे जाऊंगा जिससे तुझे यह मछली पकड़ने की आवश्यकता नहीं पड़ेगी और तू अपने परिवार का लालन पोषण भी आराम से कर लेगा.

कूलेंडी बोलता है अच्छा महात्मा जी क्या दोगे पहले हमारे लिए बताओ महात्मा जी बोलते हैं पहले मुझे इस नाव से पार लगाओ कूलेंडी बोलता है ठीक है अभी लगा देते हैं

महात्मा जी नाव से उतर जाते हैं घाट पर पहुंच जाते हैं और कहते हैं अरे मूर्ख प्राणी तुझे मैं कुछ दूंगा कुछ भी नहीं दूंगा मुझे तो तेरी नाव से उतरना था इसलिए मैंने अपनी बुद्धि का प्रयोग किया

कूलेंडी बोलता अच्छा कहां महात्मा जी आपने अपनी बुद्धि का प्रयोग किया अब देखिए मैं अपना बल का प्रयोग करूंगा महात्मा जी बोलते हैं अरे एक साधु महात्मा के साथ जबरदस्ती करेगा

कूलेंडी बोलता है हां महात्मा जी अब आपको तो किराया देना होगा इस नाव से उतरने का इसके बाद कूलेंडी महात्मा जी की धोती पकड़ लेता है और खींचने लगता हैं

महात्मा जी चिल्लाते हैं कि छोड़ दे मूर्ख प्राणी मैंने तेरा क्या बिगाड़ा था जो मुझे नंगा करने पर तुला है कूलेंडी बोलता है आपने मुझे मूर्ख क्यों कहा अब तो आपको किराया देना पड़ेगा या धोती !

महात्मा जी बोलते हैं ठीक है मैं तुझे किराया दे देता हूं फिर कूलेंडी महात्मा जी की धोती को छोड़ देता फिर बोलता दीजिए महात्मा जी किराया ,

महात्मा बोलते हैं वह सामने बामाई दिख रही हैं

कूलेंडी बोलता है हां देख रह हू महात्मा जी फिर बोलते हैं जा उसी में से एक सोने का घड़ा उठा ले .

कूलेंडी बोलता है महात्मा जी आप झूठ तो नहीं बोला रहे हो महात्मा जी बोलते हैं नहीं मैं हमेशा सत्य बोलता हूं जा उठा ले अगर तुझे विश्वास नहीं है तो मैं यहीं खड़ा हू ?

कूलेंडी बोलता है ठीक है जैसे ही कुलेंडी बामाई के पास पहुंचता है और गइढा खोदने लगता है इधर महात्मा जी रफूचक्कर हो जाते हैं ?

जैसे ही उस बामाई को चारो तरफ से खोदते हुए मट्टी फेंकता है तो उसे एक मटका दिखाई देता है

कुलेंडी बडा ही प्रसन्न होता है और मन में सोचता है मेरे कष्टों का निवारण हो गया कुछ और मिट्टी को हटाता है तभी वह देखकर चौक जाता है वह मिट्टी तो एक महात्मा के ऊपर मिट्टी की परत चढ़ गई थी वह महात्मा वर्षों से तपस्या मैं लीन थे और उस तपस्या को कुलेंडी ने भंग कर दिया था

महात्मा जी क्रोध में उठते हैं और बोलते हैं अरे मूर्ख प्राणी तूने मेरी तपस्या को भंग कर दिया है आज रात उस परमात्मा के दर्शन कर लेता लेकिन तूने मुझे परमात्मा से साक्षात होने से रोक दिया है .

इसलिए मैं तुझे श्राप देता हूं श्राप का नाम सुनते ही कूलेंडी बोलता है- रुको महात्मा जी श्राप लेने के लिए मैं वाटल ले आता हूं वरना मेरे दोनों हाथों में तो उतनी ही आएगी फिर घर भी तो ले जाना है पीने के काम आएंगी

महात्मा जी इतना सुनते ही मुस्कुराए और बोले अरे बेटा तू बड़ा भोला है तुझे श्राप कैसे दे दूं फिर कूलेंडी बोलता है तो महात्मा जी आप शराब नहीं देंगे फिर क्या दोगे ?

महात्मा जी बोलते हैं मांग ले क्या चाहिए तुझे कूलेंडी बोलता मुझे सोने से भरा हुआ मटका दे दो जिससे मेरी सारी समस्याएं हल हो जाएगी इतना सुनते ही है महात्मा बोलते हैं ठीक है जा तुझे सोने से भरा हुआ मटका मिलेगा लेकिन तुझे कृष्ण मुरारी का मंदिर बनवाना होगा !

कुलेंडी बोलता है आप मुझे मटका तो दो मैं तो कई मंदिर बनवा दूंगा महात्मा जी बोलते हैं ठीक है जैसे मैं यहां से जाऊंगा तुझे सोने से भरा मटका मिल जाएगा फिर महात्मा जी अंतध्र्यान हो जाते हैं और उसी बीच पर एक सोने का मटका मिल जाता फिर वह कुलेंडी मटका को लेकर घर जाता है और यह सारी बात अपनी पत्नी को बताता फिर दोनों पति पत्नी मिलकर एक मंदिर का निर्माण करते हैं और धीरे-धीरे श्री कृष्ण श्री कृष्ण का नाम सिमरन करने लगते हैं जिससे उस कुलेंडी के सारे पाप धुल जाते हैं और अंत समय में स्वर्ग की प्राप्ति हो जाती है इसलिए हमें जब भी हो सके उस परमपिता परमेश्वर का स्मरण जरूर करना चाहिए!

वह कहते हैं बेहतर सोचो बेहतर ही होगा मैंने तुम्हें सोचा ,

कान्हा जी तुम से बेहतर कौन होगा !!

मेरे सांसों में तेरा ही इक नाम बसा है कृष्णा...

मेरे कान्हा इक तेरे सिवा मेरा कोई ना...

मैं लूं तेरा नाम निश दिन हे राधेकृष्णा...

मिट जाती है केवल तेरे नाम से मन की मृगतृष्णा...

प्रेम भाव से पाया है तुम्हें हे कृष्ण मुरारी...

मुझ पर सदा स्नेह प्रीत बरसाना तेरे सिवा मेरा कोई ना...

जय श्री राधेकृष्णा

मेरे सांसों में तेरा ही इक नाम बसा है कृष्णा...

मेरे कान्हा इक तेरे सिवा मेरा कोई ना...

मैं लूं तेरा नाम निश दिन हे राधेकृष्णा...

मिट जाती है केवल तेरे नाम से मन की मृगतृष्णा...

प्रेम भाव से पाया है तुम्हें हे कृष्ण मुरारी...

मुझ पर सदा स्नेह प्रीत बरसाना तेरे सिवा मेरा कोई ना...

वैभव नहीं श्याम तेरा वैराग चाहिए

जो मन चाहे राधा को वो मन चाहिए

" दूसरों की छांव में खड़े रहकर हम अपनी परछाई खो देते हैं,
अपनी परछाई के लिये हमे धूप में खड़ा होना पड़ता है।

जय श्री कृष्णा

क्रम-सूची